अश्क

(अनुभव + शब्द = कविता)

Tanmay Somani

BookLeaf Publishing

India | USA | UK

To the silent voices of our hearts,

To the beautiful tapestry of emotions that weave through our lives,

This book is dedicated to every mother whose love knows no bounds,

To every heart that has experienced depth of love,

To every heart that has felt the pangs of incomplete love,

And

To every girl embarking on the profound journey of life,

May these verses echo your innermost thoughts and bring comfort, for every moment of joy and sorrow, this collection is a tribute to the spectrum of feelings that make us human. May we embrace them all and find beauty in every shade.

AND ABOVE ALL, I DEDICATE THIS BOOK TO MY LOVELY FAMILY, WHO HAVE BEEN A PATIENT AUDIENCE AND INVALUABLE CRITICS OF MY POETIC EXPERIMENTS OVER ALL THESE YEARS

Acknowledgement

I owe immense gratitude to my most patient audience—my parents, Vinay Somani and Madhuri Somani, and my elder brother, Tushar Somani. Your unwavering tolerance for my poetic experiments have been nothing short of heroic.

To my wonderful wife, Swati Somani, your love and support have been the backbone of many of my poems. You inspire my words and keep me grounded (and occasionally sane).

A heartfelt mention goes to my incredible children, Atharva and Ayati. Because of you, I found the motivation to compile this collection and share my passion for poetry with the world.

A special nod to my ex-girlfriends—thank you for the heartaches that sparked some of my most poignant poems. I hope you can appreciate the humour in your contributions to this journey!

THANK YOU ALL!

Preface

In a world brimming with diverse emotions, "अश्क" unravels the depth of human sentiments through a collection of heartfelt Hindi poems. This collection captures the joyful and sorrowful moments that weave the tapestry of our lives.

The collection begins with Poem #1, a heartfelt dedication to Mother, celebrating her unconditional love, and it concludes with Poem #51, a tribute to all beautiful ladies, honouring their strength and resilience.

Between these two, Poems #2 to #50 explore the intricate stages of love and betrayal. The journey begins with 'Attraction' and deepens into 'Romance'. As reality sets in, the stage of 'Denial' emerges, leading to 'Anger', followed by 'Bargaining', then 'Depression', and finally culminating in 'Acceptance'.

As you turn the pages of "अश्क", I invite you to immerse yourself in these verses and embrace the blend of experiences and words that together form the essence of poetry (अनुभव + शब्द = कविता).

Poetic Trails

माँ

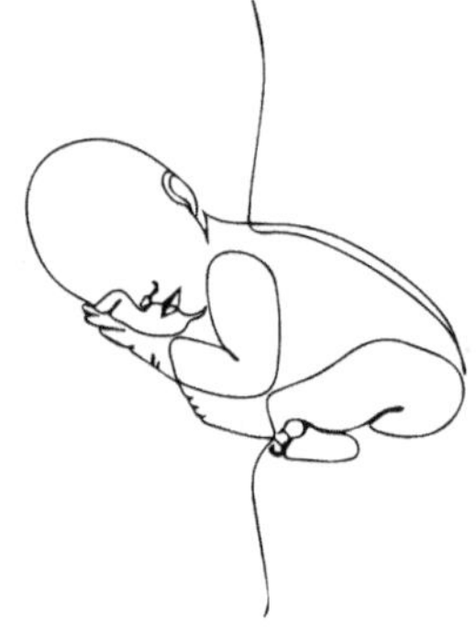

माँ एक छोटा सा लफ्ज़
पर मेरी सारी दुनिया इसी मे समाई है
दिल में उसके ममता
ममता में ईश्वर की झलक पायी है

आंचल मे उसके सिमटा सारा आसमान,
सितारे छुपाके वो लायी है
उसी मे छुपकर दुनिया की
पहली तस्वीर मैंने पायी है

गोद में उसकी नर्मी,
मीठी नींद, आज तलक वहीं पे आयी है
देख के उसको, आंसुओं को भुलूं,
फिर मंद मुस्कान लबों पर वहीं लायी है

डांट लगाकर उसका,
वो हाथ उठाकर रुक जाना
इस डांट मे प्यार से बढ़कर,
अपनापन वो लायी है

ज़िंदादिली से जीना कैसे, कैसे करना संघर्ष
ये सीख उसी से पायी है
मुश्किलों में भी तन्हा नहीं कभी,
दुआएँ उसकी ही, काम सदा आयी हैं

अंधेरे मे भी संग अपनी नहीं,
पर परछाई उसकी पायी है,
दुआओं मे मांगा कभी कुछ और नहीं,
दिल ने उसके सदा,
मेरी ही खुशी चाही है

भगवान को तो कभी देखा नहीं पर
उससे बढ़कर लगे माँ
जो इस दुनिया मे मुझे लायी है

कोख में उसकी कई दिन, कई रातें,
सबसे सुरक्षित पायी हैं
दिल में उसके दुनिया से,
बड़ी जगह मैंने पायी है

कोमल आंखों ने जिसे पहली बार देखा
वो माँ मेरी ताकत है
प्यार ने जिसके मुझे सींचा
वो माँ मेरी सब कुछ है
दुनिया है वो मेरी
उससे बढ़कर दुनिया में खुशी नज़र न आई है

चरणों में उसके अमृत की धूल,
उसी में जन्नत मैंने पायी है
ईश्वर को पूजता हूँ, मानता हूँ,
क्योंकि माँ सौगात में उससे पायी है

कर सकता हूँ कुछ भी उसकी खातिर
क्योंकि जिस्म बनाया उसने, उसी ने जान डाली है
दर्द सहकर, पीड़ा भुलाकर,
वो माँ मुझे दुनिया में लाई है

मैं क्या हूँ? कुछ नहीं उसके बगैर
उसके बगैर, मेरा अस्तित्व कुछ नहीं माटी है
जब वो पल भर भी संग नहीं होती, उसकी याद सताती है
उसे ढूंढती आँखों में फिर पानी की बूंदें आती है

"मेरे लाल मेरी आँखों का तारा है तू,"
कहकर मुझे कीमती बनाती है
"दुनिया में सबसे प्यारा है तू"
कहकर मुझे घमंडी बनाती है
कितने क्या-क्या नामों से मुझे बुलाती है,
हर बार दुलार नया संग लाती है

रोता हूँ मैं, तो हंसाती है,
रूठता हूँ, तो मनाती है
डांटती है अगर, तो खुद ही पुचकारती है
जानती है वो, फिर भी मुझे ज़िद्दी बनाती है

पसंदीदा खाना मुझे खिलाती है
कहानी सुनाकर परियों की मुझे सुलाती है
खामोश आँखों में मेरी सपने मीठे दे जाती है
कुछ बनकर दिखाने की इच्छा दी जाती है

छोटी-छोटी बातों पर शाबाशी देकर,
मुझ पर गर्व है उसे जताती है
खामोश रहकर वो लबों से ज़्यादा कह जाती है
समझता हूँ उसकी अबोली भाषा, वो मुझे कितना चाहती है
वो ऊर्जा का स्रोत है मेरी, रोज़ नई एक प्रेरणा दी जाती है

मैं शायर हूँ

मैं शायर हूँ
हर हालात में, कुछ लिख लूँगा
जो भी जज़्बात जगाओगे, मेरे दिल में
हर जज़्बात, काग़ज़ पर लिख दूंगा

अगर चंद बातें ही हुईं, हमारे दरमियान
तो ज़िंदगी की किताब में, उसका किस्सा लिख दूंगा
जो बिताओगे साथ मेरे कुछ लम्हे ही
उन्हें पिरोकर, कोई नगमा लिख दूंगा

मैं शायर हूँ
हर हालात में, कुछ लिख लूँगा
जो भी जज़्बात जगाओगे, मेरे दिल में
हर जज़्बात, काग़ज़ पर लिख दूंगा

जो दिया तुमने, मुझे प्यार
तो ज़िंदगी, तुम्हारे नाम लिख दूंगा
अगर बेवफाई भी रही, तुम्हारी फितरत
मैं पीकर गम, कोई गज़ल लिख दूंगा

मैं शायर हूँ
हर हालात में, कुछ लिख लूँगा
जो भी जज़्बात जगाओगे, मेरे दिल में
हर जज़्बात, काग़ज़ पर लिख दूंगा

खत

कागज़ भी है, कलम भी है
पर मसला मेरे खत का, सीने में दबा-दबा सा कुछ
बातें प्यार की और बेशुमार मोहब्बत का इज़हार करना है
पर लफ्ज़ नहीं आते ज़बान पे, लब मेरे सिले-सिले से कुछ

कहना है बहुत अपने अरमान उनसे
पर आँखों में छिप गए हैं, सपने मेरे कुछ
चाहतों को बयान करना आसान होता है
पर धड़कनों की गूंज दिल में दबी-दबी सी है कुछ

दिल चिर के दिखा दूं तस्वीर उसे उसकी,
प्यार की हर हद तोड़ दूँ
पर मेरे अंदर,
खुद मैं कैद सा कुछ

वैसे मेरा प्यार लफ़्ज़ों का मोहताज नहीं
करती है आंखें बयां सब कुछ
पर लिखना मेरी मजबूरी है
क्योंकि मेरा सनम ही है, नासमझ कुछ

कोशिश कर रहा हूँ, इस खत को बना दूँ आईना दिल का
पर डरता हूँ, तस्वीर रह ना जाए धुंधली कुछ
रह ना जाए कोई बात अनकही,
कोई हिस्सा दिल का अनछुआ सा कुछ

पर जानता हूँ, भले जा ना पाएंगे गहराई तक भी तो क्या
डूबेंगे कुछ तो रंग में मेरे प्यार के, वो भी तो कुछ

तू ही

अब कोई मकसद नहीं ज़िंदगी का
तू ही राह, तू ही हमसफर, तू ही मंज़िल हो गई

क्या अच्छा, क्या बुरा, ना जाने हम
तू ही खुशी, तू ही सुकून, तू ही हर जज़्बात हो गई

क्या चाहत, क्या उम्मीद ज़िंदगी से
तू ही अरमान, तू ही ख्वाहिश, तू ही हसरत हो गई

जेहन में कुछ और, आता नहीं मेरे
तू ही ख्वाब, तू ही ख्याल, तू ही हकीकत हो गई

ना रात की खबर, ना दिन का होश
तू ही शब, तू ही सहर, तू ही हर पहर हो गई

अब क्या मेले, क्या तनहाइयाँ
तू ही जश्न, तू ही महफिल, तू ही मेरी दुनिया हो गई

क्या मंदिर, मस्जिद, गिरजाघर या गुरुद्वारा जाऊं मैं
तू ही भगवान, तू ही खुदा, तू ही ईश्वर, तू ही वाहे गुरु हो गई

क्या पूजा, इबादत, प्रार्थना या अरदास करूँ मैं
तू ही वरदान, तू ही बरकत, तू ही दया, तू ही गुरु कृपा हो गई

ना दर्द, ना जख्म, ना गम का अहसास होता है अब
तू ही दवा, तू ही मरहम, तू ही अमृत हो गई

क्या जाऊँ मयखाने, क्या पियूं शराब
तू ही जाम, तू ही नशा, तू ही सुरूर हो गयी

क्या जमीन, क्या आसमान
तू ही चाँद, तू ही फलक, तू ही हर नज़ारा हो गई

तू ही मेरा संसार, तू ही दुनिया हो गई
मरते दम तक जियूँ तेरी ही खातिर, तू ही तो ज़िंदगी हो गई

एहसास

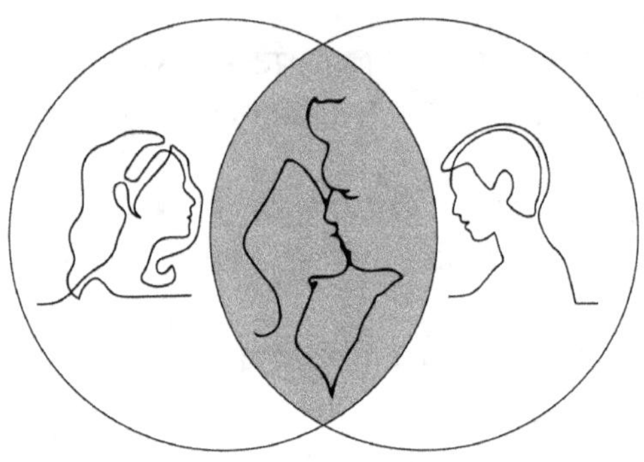

चाँद सा रोशन, चेहरा तुम्हारा
चांदनी को मैंने, जलते देखा
पलकों में छुपी आँखों में, तेरी हया
पर उन्हें दीदार मेरा, करते देखा

लब सिले हुए, ज़ुबान कैद
पर धड़कनों को मैंने, कहते देखा
सांसें थमी हुई, धड़कन रुकी सी
उन में मैंने, तुम्हारी एक ख्वाहिश को देखा

कह रही थी, बढ़ के छू लो मुझे
मैंने तुम्हें, शर्माते देखा
बाँहों में लिया जो कली की तरह
तुम्हें मैंने फूल सा खिलते देखा

सोने का बदन तुम्हारा, रेशमी बाल
पर बाँहों में मेरी तुम्हें, और भी निखरते देखा
छूकर अंग-अंग को, मासूमियत को, नज़ाकत को
मैंने तुम्हारी अंतरात्मा को देखा

लबों को थिरकते, बदन को तुम्हारे कांपते देखा
तुममें मुझपर विश्वास, और खुद को मुझे सौंपते देखा
झील से गहरी आंखें, और उन आँखों में डूबकर
मैंने तुम्हारे, मन को देखा

आंखों में आंसू, रो पड़ा दिल भी
जब तुममें, मेरे लिए इतना प्यार मैंने देखा

खूबसूरती

तेरे रूप की वो मद्धम सी चाँदनी, तेरे ना होकर भी होने का
एहसास
हर धड़कन में तेरा नाम, और आंखों को तेरे दीदार की प्यास
मत पूछ कितना बेकरार करती है
मुद्दतों की दूरी, और मिलन की आस

तेरी कजरारी आंखें, तेरे गुलाबी होंठ जवान
तेरी काली घनी ज़ुल्फ़ें, और भोली सी मुस्कान
मत पूछ कितना बेकरार करते हैं
तेरे साथ जीने के अरमान और दूरियों के ये फरमान

तेरी वो मदहोश कर देने वाली महक, साँसों में रवां
तेरी ज़ुल्फ़ों को छूकर पास आती, मतवाली हवा
मत पूछ कितना बेकरार करती है
तेरी हर झलक, और सजदे में झुकती मेरी हर निगाह

तेरे वो तीखे शरारती नक्श, वो बातों का नशा
इठलाती, बल-खाती चाल, और नजरों के हम निशान
मत पूछ कितना बेकरार करती है
तेरी हर अदा, और क्या असर करती है मेरी हर दुआ

मत पूछ क्या है मेरी दीवानगी की वजह
ये तो है इश्क का सुरूर, इश्क का नशा
बिन पिये बहका रहूँ, तेरे इश्क में सदा
तुझे प्यार करूँगा टूटकर, हर हद से बढ़कर सदा

अजनबी रात

तुझसे बाते ना हो, तो दिन अधूरा सा
और रात अजनबी सी लगती है
कुछ आता है ज़ेहन में तो बस,
तेरी याद आती है

वो रात गुज़रने से और सूरज खिलने से इनकार करता है
जिस दिन तेरी मेरी बातों का सिलसिला अधूरा रहता है
नींद भी तेरा इंतज़ार करती है बेचैनी से,
और आँखों में बसर नहीं होती
करवट बदलता हूँ मैं रात भर,
और कमबख़्त सुबह नहीं होती

सिरहाने तेरे ख्वाब सजाता हूँ
ओढ़ के तेरी यादों का ग़िलाफ़, आँखें मूँद लेता हूँ
पर एक तेरे हुस्न का जादू है, और एक तेरा ख्याल
जो बंद आँखों में भी चले आते हैं, और मैं तन्हा सा जागता
रहता हूँ

इतना तन्हा मैं खुद को कभी नहीं पाता
जितना तेरे ना आने पर, तेरी यादें कर देती हैं
अपने आंसू छुपाए रखता हूँ मैं
पर वो इन्हें छलका जाती हैं

रात भर तेरे खयालों से बातें करता हूँ
और चाँद में तेरा अक्स देखता हूँ
वो तारे फ़लक के ही, होते है फिर हमदर्द
उन्हीं से तेरी शिकायत करता हूँ

उन्हीं तारों में से किसी एक के,
टूट जाने का इंतज़ार करता हूँ
कि फिर दुआओं में तुझे मांग लूँ
तुझे बेपनाह मोहब्बत जो करता हूँ

मत पूछ इससे बड़ी सज़ा, क्या होगी
मैं ही जानता हूँ कि कैसे बेदर्दी तन्हा रात गुज़ारता हूँ

सपना

कल रात मैंने, फिर एक सपना देखा,
मेरे करीब तुम, तुम्हें अपनी बाहों में देखा
लबों पर मुस्कान, आंखो में हया,
तुम्हें मैंने शर्माते देखा

लट खुली, बिखरी ज़ुल्फ़ें, तुममें मैंने अपना ख़ुदा देखा
तुम्हारी आँखों में, चमकता चेहरा मेरा देखा
तुम्हारे हाथों की लकीरों में, मैंने अपना नाम देखा
साँसों की रफ़्तार, धड़कनो को बढ़ते देखा
छुईमुई से बल खाई तुम, मैंने इस कदर तुम्हें छू के देखा

पर टूट गया सपना, आँखों ने जब हकीकत को देखा
धड़कनो को अपनी बिखरते, सांसों को उखड़ते देखा
विरान मेरी आँखों में, पानी का कतरा देखा
उन आंसुओं में तस्वीर को तुम्हारी, बहते देखा

फिर वही सुबह,
मैंने फिर सपने का जनाज़ा देखा
रोम-रोम में, सन्नाटे में,
मैंने फिर मातम देखा

पर अब एक सपना और देखना चाहता हूँ
जो कुछ ऐसा हो
आँखों में बंद नहीं,
हकीकत में ढला हो

मेरे सामने तुम हर पल,
तुम पर मेरा पहरा हो
तुम बन जाओ मेरी,
तुम पर सिर्फ मेरा हक हो

हाथों में दामन तुम्हारा
नज़रों में हर लम्हा तुम हो
ज़िंदगी में भले कुछ और नहीं
बस एक तुम सनम मेरी हो

मांग में तुम्हारी सिन्दूर,
गले में मंगलसूत्र मेरा हो
मुझ पर, मेरी जान पर
सिर्फ तुम्हारा हक हो

ये नाता हमारा,
ना समय का मोहताज हो
रिश्ता हमारा एक नहीं,
सात जन्मों का अटूट बंधन हो

बहाने

मुस्कुराते रहे, क्योंकि तू साथ थी
वरना रोने के तो, बहाने हज़ार हुए
ज़िंदगी में तेरे होने से, सब कुछ प्यारा लगने लगा
वरना नफ़रत के तो, बहाने हज़ार हुए

एक तू ही तो थी हमसफर, के हम चलते रहे
वरना रुक जाने के तो, बहाने हज़ार हुए
ज़िंदगी की कश्ती को, तू ही तो साहिल तक लाई है
वरना डूब जाने के तो, बहाने हज़ार हुए

तेरे लिए ही जीतते चले गए, हर बार बाज़ी ज़िंदगी की
वरना हार जाने के तो, बहाने हज़ार हुए
डटे रहे तूफानों में, हौसले से तेरे कारण
वरना छोड़ जाने के तो, बहाने हज़ार हुए

तेरी वफ़ा ही कुछ ऐसी है, कि वफ़ा करने को मजबूर हैं
वरना बेवफाई के तो, बहाने हज़ार हुए
एक तेरे दम से ही तो, ज़िंदा हैं हम
वरना मर जाने के तो, बहाने हज़ार हुए

तारीफ़

लिखना चाहूँ जो तेरी तारीफ़ में दो लफ़्ज़
लिखते-लिखते किताब हो जाए
जो चाहूँ लिखना कलमा कोई
लिखते-लिखते ग़ज़ल हो जाए

बहुत समझाया इस दिल को, की आशिकी ना कर
मगर करते-करते तुझे भुलाने की कोशिश में भी दिल
दीवाना हो जाए
बहुत समझाया कि आग है तू
मगर कह के शमा तुझे, कमबख़्त ये परवाना हो जाए

वो समा कुछ और था, जब तू मेरी हुआ करती थी
करके उसी मौसम को याद, दिल ये दीवाना हो जाए
बिन बादल बरसी थी मोहब्बत तेरे नाम की
महज़ यादों से ही दिल का ये रेगिस्तान, गुलिस्तां हो जाये

वो सुबह कुछ अजनबी सी, बेवजह सी लगती है
जो अफसोस तेरे ना होने का जताये बिन हो जाये
उस रात का क्या वजूद,
जो तेरी यादों में करवट बदले बिन गुज़र जाए

एक उम्र गुज़ारी हैं, पलकों को झपकाएं बिना
कि कहीं नज़रों से ओझल तेरी तस्वीर हो ना जाए
खुदा की तरह पूजा है तुझे
डर भी लगता रहा कि इबादत में भूल हमसे ना हो जाए

तुझे क्या पता था, क्या मेरा नसीब होगा
क्या गुज़री मुझपे तुझे कहाँ इल्म होगा
जब-जब करूँ पैरवी तेरी बेवफाई के खिलाफ़
तेरी मजबूरी से और भी हमदर्दी हो जाये

इश्क करूँ तुझसे, या इबादत करूँ तेरी
जब-जब जान कहूँ तुझे, तू खुदा हो जाए
जब-जब खुदा कहूँ तुझे
तेरी इबादत हो जाए

मैंने कहा गुज़रती हवा से
क्यों उसकी याद दिलाती है तू
कहा उसने फिर यह नम आँखों से
याद करके मुझे तू भी गमगीन हो जाती है

तेरे इश्क में ही जीना है मुझे
चाहे फिर दुनिया पराई हो जाए
जियूँ तेरे ही संग, मरूँ भी तो तेरी ही बाँहों में
होती है ख़फ़ा खुदाई, तो हो जाए

तेरी मोहब्बत

सागर के भीतर, सीप की तरह
सीप के भीतर, मोती की तरह
छुपा रखा है दिल में, तेरी मोहब्बत को
इबादत की तरह

माथे पे सुहागन के, सिंदूर की तरह
राजा के सर पे, ताज की तरह
सजा रखा है दिल में, तेरी मोहब्बत को
जलसे की तरह

गुलिस्ताँ में खिलते, फूलों की तरह
फूलों के रंग में, भीगी खुशबू की तरह
महका रखा है, तेरी मोहब्बत को दिल में
इत्र की तरह

बचपन के दिल में, जल्दी की तरह
बुढ़ापे की नब्ज में, यादों की तरह
जश्न मनाता रहता हूँ तेरा खुद में
जवानी की तरह

किताबों के किस्सों कहानी की तरह
खुद ही के नाम की तरह
याद है, तेरी हर छोटी-बड़ी बात मुझे
मुँह-जुबानी की तरह

समंदर के किनारे, रेत की तरह
बारिश में भीगते और औस चूमते, फूलों की तरह
तेरे ही प्यार में भीगा है मन
आंसुओं से सराबोर आँखों की तरह

जलती हुई अर्थी की तरह
दफनाए हुए शव की तरह
तेरे प्यार से महरूम, रोज़ मरता हूँ मैं
डूबते हुए सूरज की तरह

दिल से निकलती हुई, दुआ की तरह
माँ-बाप के, आशीर्वाद की तरह
आज भी उसी शिद्दत से माँगता हूँ तुझे
खुदा से मैं खैरात की तरह

गुनाह

तुझपर जाना मर-मिटने का, अपना ही मज़ा है
मुझसे पूछ तेरी तड़प में क्या नशा है
वो कैद ज़िंदगी की, काटी है मैंने
जिसमें चाहना तुझे गुनाह है

तुझे पाने की जुस्तजू का, अपना ही मज़ा है
मुझसे पूछ, तेरी जुदाई में क्या नशा है
तेरी उल्फ़तों में, ज़िंदगी वो जी कर देखी है
जिसमें तेरे बगैर, मरना भी गुनाह है

तेरी कसमों की बेवफाईयां, निभाने में मज़ा है
मुझसे पूछ तेरी जफ़ाओं को, वफ़ा से नवाज़ने में क्या नशा
है
वो बेगैरत ज़िंदगी जी हैं तेरे बगैर मैंने
कि खैरात में खुशी मांगना गुनाह है

तेरे दिए आंसू पीकर जीने में, अपना ही मज़ा है
मुझसे पूछ रोज़ बिखरते आशियाने को, सजाने में क्या नशा
है
इस कदर तन्हा ज़िंदगी, गुज़ारी है तेरी राहों में
जहाँ ख्वाब तेरे देखना भी गुनाह है

तेरे इंतज़ार में, पलकें बिछाने का अपना ही मज़ा है
मुझसे पूछ कांटों की राहों में, एक फूल का भी क्या नशा है
वो उम्मीदों के खिलाफ़ उम्मीद करके मांगी है, तेरी खातिर
ही दुआ
के मेरे मज़हब-ए-मोहब्बत में, तुझे ना पूजना भी गुनाह है

जितनी दफ़ा दिल धड़के
ज़ुबान पे तेरा नाम हो
जो लम्हा बीते तेरी यादों के बिना
उस लम्हे में सांस लेना गुनाह है

प्यार

घुटता जा रहा है
तेरा-मेरा प्यार ऐसे
सांस लेना भी अब
दुर्भर हो जैसे
इस ज़ालिम दुनिया की, बेवफ़ा लहरों में
कहीं खो न जाए, प्यार हमारा

बिखरता जा रहा है
तेरा-मेरा आशियाना ऐसे
की बुनियाद ही
कमज़ोर हो जैसे
इस दलदल-ए-दुनिया कि, ख़ुदगर्ज़ रेत में
कहीं खो ना जाए, प्यार हमारा

नाकाम होती जा रही है
तेरी-मेरी हर उम्मीद ऐसे
बंद पलकों तले
दम तोड़ रहा हो, इकलौता ख्वाब जैसे
इस ज़िंदगी की कड़वी, सच्चाई तले
कहीं खो ना जाये, प्यार हमारा

बुझती जा रही है
तेरी-मेरी ज़िंदगी की लौ ऐसे
चली हो हर बेरहम हवा
खिलाफ़ इसके जैसे
इस बंजर दुनिया के, तूफानों में
कहीं खो ना जाये प्यार हमारा

छूटता जा रहा है
तेरा दामन मेरे हाथों से ऐसे
छिनता जा रहा हो
जिस्म का हिस्सा कोई जैसे
इस मतलबी दुनिया की, बेवफ़ाई में
कहीं खो न जाये प्यार हमारा

गुफ़्तगू

प्रेमिका:
आईना देखने से, डर लगता है
मैं जो इतनी खूबसूरत थी, तुम्हारी नज़रों में ही तो थी
किसके लिए सजूँ, सँवरूँ
मैं इतनी खूबसूरत, तुम्हारे लिए ही तो दिखना चाहती थी

प्रेमी:
कलम उठाने से, डर लगता है
के फिर खूबसूरत लफ़्ज़ों तक से, दर्द लिख दूंगा
आखिर, वो तुम्हारी खूबसूरती ही तो थी
जिसके कारण इन लफ़्ज़ों से, खुद गज़ल बन जाती थी

प्रेमिका:
रातों से अब डर लगता है
ये चाँदनी मुझे जलाती है
एक तुम ही तो थे,
जो मुझे चाँद कहकर, चांदनी को जला गए
वो तुम ही तो थे,
जो इतने ख्वाब दे गए, कि आँखों से नींद चुरा गए

प्रेमी:
अब भला कहाँ होता है, रात का इंतज़ार
अब कहाँ होता है, होश वक्त का
वो तुम ही तो थी, जिसके इंतज़ार में
पल सदियों से लंबे, और साथ जिसके सदियाँ एक पल सी
लगती थी
वो तुम ही तो थी,
जिसके साथ ज़िंदगी ख्वाब सी लगती थी

प्रेमिका:
हर नज़र से नज़र चुराती हूँ
रोशनी में, खो सी जाती हूँ
वो तुम ही तो थे,
जिसकी आत्मा मुझमें कुछ इस तरह बस गई है
कि हर शक्ल में,
तुम ही तुम दिखाई देते हो
मुझसे इतनी दूर हो फिर भी लगता है,
पास आकर, छेड़ जाते हो, सताकर रुलाते हो

प्रेमी:
मेरी आत्मा, तुम ले गयी
मेरा दिल, तुम ले गयी
अब मेरा क्या बचा है
वो तुम ही तो थी, जो ज़िंदगी थी
वो तुम ही तो थी, जो हर खुशी थी
लेकिन लगता है आज भी
हर आहट पे, जैसे कहीं तुम हो
पास मुझे बुलाती हो, तड़पाकर रुलाती हो

बेशकीमती

तेरी यादों की तड़प में भी एक सुकून है
सुकून इस बात का, कि ख्याल तो तेरा है
तेरे खयालों से खूबसूरत दुनिया में कुछ नहीं
कुछ हसीन है, तो बस तेरी हकीकत

तेरी अदाएं रह रहकर मुझे लुभाती हैं
अदाएं भी ऐसी, कि हर बार नई सी लगती हैं
तेरी अदाओं से खूबसूरत कुछ और नहीं
कुछ हसीन है, तो बस तेरी मासूमियत

तेरी आवाज़ की मिठास कानों में घुल सी जाती है
तेरी खुशबू साँसों में समा जाती है
तेरी दीवानगी से बेहतर कोई इबादत नहीं
कुछ पाक है, तो बस तेरी मोहब्बत

तेरा करीब ना होना, मुझे बेकाबू करता है
तेरी दूरियां मुझे पागल बनाती है
तेरे स्पर्श से गहरा, कोई नशा नहीं
कुछ और नशीला है, तो बस तेरी नज़र की इनायत

तेरी काली घनी ज़ुल्फ़ों में, दिल को ठंडक मिलती है
तेरी बाँहों में ही आता है करार
तेरी मौजूदगी है इस ज़िंदगी में, इससे बढ़कर खुदा का कोई
नज़राना नहीं
कुछ और है खास, तो बस मेरा ये जुनून कि तू ही ज़िंदगी है

तुझसे बेहतर कुछ, ये दुनिया मुझे दे नहीं सकती
तुझसे बेहतर कुछ, खुदा बना नहीं सकता
तू बेशकीमती है, हर पहलू में तोल कर देख लिया
कुछ और कीमती है तुझसे ज़्यादा, तो तेरी मोहब्बत

फासले

मंज़िल मेरी तुम ही,
तुम को पाने को चलता मैं
बढ़ता रहा मैं, पर खुद ही बदलते रहे रास्ते,
और बढ़ते रहे फासले

कहीं पत्थर, कहीं काँटे,
इन से गुज़रता रहा मैं, फिर भी बढ़ते ही रहे फासले
ना जाने ये कौन सा मुकाम आया है,
कदम बढ़ते नहीं मेरे, और बढ़ते जा रहे हैं फासले

सफर तो वही है,
पर अब मैं, शायद काबिल राही ना रहा
हमसफर तुझे बनाना है,
पर तुझसे जुदा रखते, ये बेरहम फासले

हर लम्हा इम्तिहान लेते रास्ते,
और हर घड़ी तड़पाते, ये बेदर्द फासले
हम दोनों के बीच, ये अनचाहे फासले
नामुमकिन कम कर सकने वाले फासले

अब मुनासिब नहीं अकेले ही तय कर पाना,
क्योंकि एक कदम की ज़िंदगी है, और दो कदम मांगते फासले
गुज़ारिश है, कुछ मैं बढ़ूँ, कुछ तुम बढ़ो,
और मिलकर हम दोनो मिटा दें ये फासले

दुआ

छुप-छुप कर करती हो वफ़ा
और मुझे बेवफ़ाई का गुमान दिलाती हो
ये कैसा प्यार है के
पास बुलाना तो चाहती हो मगर
दूरियों को बढ़ाती हो

तुम्हारे लब झूठे है
तुम्हारे लफ्ज़ बेबुनियादी
जानता हूँ मैं तो बस यही
के आंखों से सच बोलती हो

लाख जता लो मुझसे, झूठी ये नफरतें
लाख छुपा लो दिल में, अपनी मोहब्बतें
मैं मगर जानता हूँ, तुम्हें इस कदर
कि कह सकता हूँ, मुझे खुद से बढ़के चाहती हो

ये ज़माना हमारा नहीं
किस्मत में अपना साथ नहीं
मैं तो रूठ भी नहीं पाता हूँ अपने नसीब से
तुम मगर खुदा से लड़े जाती हो

मैं मुस्कुराना तक नहीं चाहता, तुम्हारे बिना
और तुम हर दुआ में मेरी खुशी मांग लेती हो
मैं तड़पता रहना चाहता हूँ, तुम्हारी ही मोहब्बत में
और तुम हर दुआ में मगर, मेरी सलामती मांग लेती हो

एक दुआ भी अगर बक्शे वो खुदा
तो तेरे बिना जीने से बेहतर, मैं मौत मांग लूं
शिकवा है तुमसे तो बस यही
कि तुम अपनी हर दुआ में मगर, मेरी ज़िंदगी मांग लेती हो

संदेशा

जान मेरी कोई संदेशा ऐसा भेजो

कुछ पुरानी यादें भेजो
कुछ नये इरादे भेजो
कुछ अधूरे अरमान भेजो
कुछ हसरतें जवान भेजो
कुछ ख्वाबों की बेचैनी भेजो
कुछ बातों की राहत भेजो
जान मेरी कोई संदेशा ऐसा भेजो

कुछ मेरी दुआओं का असर भेजो
कुछ अपनी ख़ैरियत की खबर भेजो
कुछ दिल के लफ़्ज़ भेजो
कुछ मुझे हर्फ़ें भेजो
कुछ वक्त की सख़्तियाँ भेजो
कुछ दिल की नादानियां भेजो
जान मेरी कोई संदेशा ऐसा भेजो

कोई खुशी का बहाना भेजो
कोई जीने का मकसद भेजो
कुछ दिल का बोझ हल्का करने भेजो
कुछ दर्द मुझसे बांटने भेजो
कुछ बातों के मायने भेजो
कुछ बेमानी बातें भेजो
जान मेरी कोई संदेशा ऐसा भेजो

कुछ बेपरवाह हँसी भेजो
कुछ नटखट मुस्कान भेजो
कुछ मोती से आंसू भेजो
कुछ आँखों की वीरानियाँ भेजो
कुछ किताबों में सूखे फूल भेजो
कुछ मेले पड चूके पुराने खत भेजो
जान मेरी कोई संदेशा ऐसा भेजो

कुछ जुदाई का गम भेजो
कुछ मिलन की आस भेजो
कुछ नसीब के जुल्म भेजो
कुछ खुदा की रहमतें भेजो
कुछ मोहब्बत का मर्ज़ भेजो
कुछ दुआओं की अरज भेजो
जान मेरी कोई संदेशा ऐसा भेजो

कुछ मुझसे शिकवे भेजो
कुछ अपनी तारीफ़ें भेजो
कुछ मेरी खता की ग़ज़लें भेजो
कुछ अपनी वफा के नगमे भेजो
कुछ गुज़र चुके लम्हे भेजो
कुछ आने वाले पल भेजो
जान मेरी कोई संदेशा ऐसा भेजो

कुछ दीदार की प्यास भेजो
कुछ मुलाकातों की तड़प भेजो
कुछ दामन का सहारा भेजो
कुछ बाहों की पनाहें भेजो
कुछ लबों की लाली भेजो
कुछ नज़र सवाली भेजो
जान मेरी कोई संदेशा ऐसा भेजो

कुछ हथेलियों की नरमी भेजो
कुछ सांसों की गर्मी भेजो
कुछ मरमरी बदन की नज़ाकत भेजो
कुछ केसुओं की छांव भेजो
कुछ आंखो की शरारत भेजो
कुछ होठों की कंपन भेजो
जान मेरी कोई संदेशा ऐसा भेजो

कुछ कंगन की खनक भेजो
कुछ बालियों की थिरकन भेजो
कुछ काजल की धार भेजो
कुछ पायल की झंकार भेजो
कुछ हल्का सा श्रृंगार भेजो
कुछ कुदरती हुस्न भेजो
जान मेरी कोई संदेशा ऐसा भेजो

कुछ अपनी मजबूरियां भेजो
कुछ अपनी बगावत भेजो
कुछ रस्मों की ज़ंजीरे भेजो
कुछ तालों की चाबी भेजो
जिसकी मंज़िल हो तुम वो राहें भेजो
मेरे दिल को तेरे दिल से जुड़ें वो पुल भेजो
जान मेरी कोई संदेशा ऐसा भेजो

जान मेरी कुछ हासिल भेजो
जिसको सच मान के जीता जाऊं
मुझे तुम्हारा ऐसा भ्रम भेजो
इबादत में गुज़र जाए ज़िंदगी
तुम्हारी मोहब्बत का ऐसा धर्म भेजो
जिसको करके तुम्हें पा लूं, मुझे वह करम भेजो
जान मेरी कोई संदेशा ऐसा भेजो

जान मेरी कुछ बादल भेजो
छुपा कर आंसू दिल खोल के रो लूँ ऐसी थोड़ी बारिश भेजो
जिसे देखते लगे मैं अकेला बर्बाद नहीं
ऐसा कोई बियाबान भेजो
तेरे नशे में डूबकर भूल जाऊं सारी हकीकत
एक जाम अपने आंसू मिलाकर भेजो
जान मेरी कोई संदेशा ऐसा भेजो

बहुत मुश्किल है यह अधूरी मोहब्बत निभाना
मुझे फिर से बेवफ़ाइयाँ भेजो
मुझसे ये अधूरी ज़िंदगी जी नहीं जाती
इस बार कोई असरदार ज़हर भेजो
ज़िंदगी देने से इनकार है तो, एक एहसान कर दो
मुझे मौत भेजो
जान मेरी कोई संदेशा ऐसा भेजो

या फिर ऐसा करो जान मेरी
थोड़ी सी चाहत, थोड़ी सी वफ़ा भेजो
थोड़ी सी दीवानगी, थोड़ी सी मोहब्बत भेजो
थोड़ी सी खुशी, थोड़ी सी ज़िंदगी भेजो
इस बार जान लिख के संदेशा
लिफाफे में तुम खुद को भेजो

मजबूरी

कह देने से मजबूरी,
दगा का एहसास कम नहीं होता
कह देने से मुकद्दर
दगा का एहसास कम नहीं होता

इश्क में बेवफाई करने वाले,
अक्सर इसे मजबूरी कहते हैं
पर सच्चा आशिक, किस्मत का मोहताज नहीं होता
सच्चा आशिक, कभी मजबूर नहीं होता

कह देने से मजबूरी,
दगा का एहसास कम नहीं होता

अगर मोहब्बत, इस तरह ठुकराई जा सकती
अगर यादें, दिल से मिटाई जा सकती
तो दुनिया में कहीं कोई रिश्ता ना होता
महज कह देना, मोहब्बत को जताना नहीं होता

कह देने से मजबूरी,
दगा का एहसास कम नहीं होता

बेड़ियां पैरों में दिखाकर, माफ़ी नहीं मांगी जा सकती
क्योंकि वफ़ा को, ज़ंजीरों में जकड़ा नहीं जा सकता
दिल में मिलन की आस रखना, जुदाई से डरना
हर वक्त करीब महसूस करना, ही प्यार नहीं होता

कह देने से मजबूरी,
दगा का एहसास कम नहीं होता

चंद मुलाकातों, चंद बातों का मतलब प्यार नहीं होता
देने पड़ते हैं इम्तहान कई, प्यार कोई खेल नहीं होता
किसी के जज़्बातों से खेलना, जायज़ नहीं होता
मिलना, बिछड़ना, भूल जाना, मोहब्बत से इंसाफ नहीं होता

कह देने से मजबूरी,
दगा का एहसास कम नहीं होता

दिल

कुछ ख्वाब मेरे शीशे के थे
और सनम मेरा पत्थरदिल
होना भी कैसे था गुलिस्तान मेरे इश्क का
सनम मेरा बंजर दिल

एक सच्ची जुबान ही मेरी कड़वी थी
वरना क्या था कसूर
मेरे सीने में तो है
बेज़ुबान दिल

कुछ अरमान,
कुछ हसरतें मोहब्बत की
और क्या चाहता था?
मेरा मासूम दिल

एक मैं था मजबूर,
और मेरे सनम का कसूरवार दिल
साथ रहता भी तो कब तक
एक कश्ती में बिन पतवार, और सनम का साहिल दिल

लहरों ने साथ खूब निभाया मेरा
पर मेरे सनम का था, भंवर दिल
शायद मैं ही जगह बना ना पाया
वरना मेरा सनम तो था, दरिया दिल

थे हमारी भी मोहब्बत के चर्चे कभी
आज हमारी मोहब्बत हम से ही अनजान हैं
क्योंकि ना रहा, अब सनम का पाक दिल
ना रहा उसका दिल, मेरे दिल का सानी दिल

आज़माइश

लोगों को हम, और हमें लोग आज़माते रहे
वो ज़ुल्म ढाते रहे, कह के बुज़दिल हमें
और हम खामोश सहते रहे
वो आज़मा रहे थे, हमारी खामोशी
और हम, नादानियां उनकी आज़माते रहे

वो हंसते रहे, हमारे जख्मों पर
और हम, खामोशी से नमक हटाते रहे
वो आज़मा रहे थे, सब्र हमारा
और हम, क्रूरता उनकी आज़माते रहे

वो लगाते रहे दाग, हमारे दामन पर
और हम, खामोशी से मिटाते रहे
वो आज़मा रहे थे, इंसानियत हमारी
और हम, हैवानियत उनकी आज़माते रहे

वो हमारे वजूद से, खेलते रहे
और हम, खामोश तमाशा बनते रहे
वो आज़मा रहे थे, ईमान हमारा
और हम, करम उनका आज़माते रहे

आज़माइश के इस दौर में
किसी से क्या गिला-शिकवा करें
हमें आज़मा रही थी ज़िंदगी
और हम भी उसे आज़माते रहे

वादा

हम ना समझे, क्या वक़्त की नज़ाकत थी
रख दिया पैर वहाँ, जहाँ जमीन पोली थी
एक कश्ती हमारी डूब रही थी दरिया में
मिला सहारा भी तो उसका, जिसकी कश्ती बिन पतवार तैर
रही थी

रोशनी हम तक पहुंचती भी कैसे
झरोखे में, बेवफ़ाई की दीवार खड़ी थी
एक रास्ता मंज़िल का हमारे घर से होकर भी गुज़रता था
पर सफर करते भी तो कैसे, पैरों में हौसले की कमी थी

उड़ना तो हमें भी आता था
उड़ते तो आसमान झुका देते
पर उड़ते भी तो कैसे
परों में अब उतनी जान नहीं थी

महफ़िलों की कभी हम जान थे
तन्हाई हमें कभी रास न आई
पर आलम ही कुछ ऐसा था की
साथ मेरे बस दिल का दर्द और मेरी परछाई थी

हम में कुछ कर गुज़रने का जज़्बा बहुत था
पर करते कुछ दिलो जान से,
ऐसी अब कोई हसरत नहीं थी
मेरी ज़िंदगी में अब, ज़िंदगी जैसी बात नहीं थी

बेजान ही सही, जी रहा हूँ,
उससे किये वादों की खातिर
क्योंकि उसमें हो ना हो
मेरे वादों में वफ़ा बहुत थी

अफ़सोस

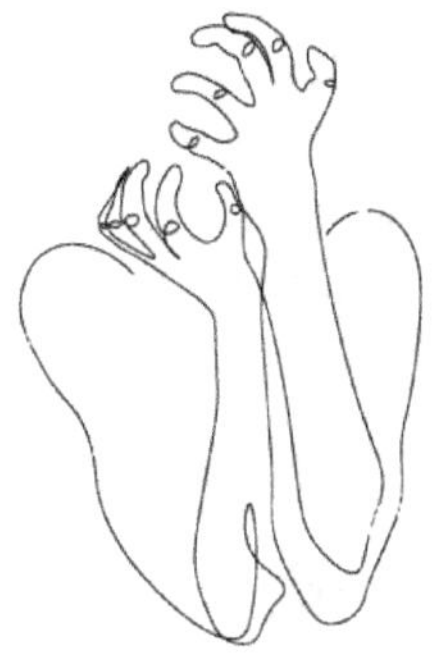

अफ़सोस इस बात का नहीं,
कि तूने कश्ती को मेरी मझधार में छोड़ दिया
अफ़सोस तो ये है कि,
इतनी ही शिद्दत से तू हमसफ़र थी

अफ़सोस इस बात का नहीं,
के अंधेरे के मुहाने पर तूने साथ छोड़ दिया
अफ़सोस तो इस बात का है,
कि मेरे साथ तू केवल रोशनी तक के लिए थी

अफ़सोस इस बात का नहीं,
कि काँटों की डगर पे लाकर तूने छोड़ दिया
अफ़सोस तो इस बात का है,
कि तुझे केवल फूलों से मोहब्बत थी

अफ़सोस इस बात का नहीं,
कि तू बेवफ़ा निकली
अफ़सोस तो इस बात का है,
कि तेरी वफा का इतना छोटा पैमाना था

अफ़सोस इस बात का नहीं,
कि तुमने मोहब्बत निभाई नहीं
अफ़सोस तो इस बात का है,
कि तेरी मोहब्बत के मायने जुदा थे

अफ़सोस इस बात का नहीं,
कि मेरे मरने-जीने से तेरा वास्ता नहीं
अफ़सोस तो इस बात का है,
कि मेरी मोहब्बत की भी तेरे ज़ेहन में अहमियत नहीं

अफ़सोस इस बात का नहीं,
कि किस्मत में जुदाई लिखी है
अफ़सोस तो इस बात का है,
कि तेरी भी रज़ा यही है

अफ़सोस इस बात का नहीं,
कि तुझसे जुदा होकर मर जाऊंगा
अफ़सोस तो इस बात का है,
कि तू मुझे जीने को कहती है

अफ़सोस इस बात का नहीं,
कि खुदा ने मुझ पर रहम ना किया
अफ़सोस तो इस बात का है,
कि तुझे भी तरस ना आया

अफ़सोस इस बात का नहीं,
कि तूने मुस्कुराकर अलविदा कह दिया
अफ़सोस तो इस बात का है,
कि तेरी आँखों में एक आंसू तक ना आया

अफ़सोस इस बात का नहीं,
कि तेरे दिल में जुदाई का गम ना पनपा
अफ़सोस तो इस बात का है,
कि तूने मेरा दर्द न समझा

अफ़सोस इस बात का नहीं,
कि तूने मुझे ना समझा
अफ़सोस इस बात का है,
कि तूने मुझे महज़ खिलौना समझा

जफ़ा

जो ना कर पाई, तेरी मोहब्बत
तेरी जफ़ाओं ने कर दिया

आशिक के नाम से ना सही
मुझे दीवाने नाम से मशहूर कर दिया
जो ना कर पाई तेरी मोहब्बत
तेरी जफ़ाओं ने कर दिया

भीड़ में भी तेरी मोहब्बत मुझे तनहा कर जाती थी मगर
तेरी बेवफाई ने, मेरी तनहाई को भी महफ़िल कर दिया
जो ना कर पाई तेरी मोहब्बत
तेरी जफ़ाओं ने कर दिया

मैं पीता था अक्सर मयखानों में, बुझी शमा सा मगर
तेरा ग़म छुपाने की इस अदा ने, मुझे शायर कर दिया
जो ना कर पाई तेरी मोहब्बत
तेरी जफ़ाओं ने कर दिया

जो लिखे थे खत तुझे, तेरी तारीफ़ में मैंने
जलाकर तूने हर लफ़्ज़ को, ग़ज़ल कर दिया
जो ना कर पाई तेरी मोहब्बत
तेरी जफ़ाओं ने कर दिया

आज

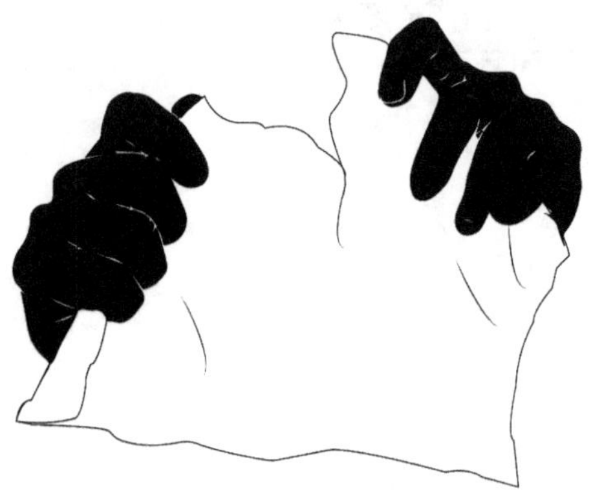

तेरे खत नहीं
आज खतों में, अपने ख्वाबों को जलाया है
तेरी यादों को नहीं
अपने अरमानों को दफ़नाया है

तू बुझाना भूल गयी थी
दिल में मेरे, दिया एक उम्मीद का
आज अंधेरों को अपनाकर
हर मुमकिन रोशनी को बुझाया है

मत पूछ, तेरे जुल्मों का असर
न जाने कितनों को, मैंने खुद से छुपाया है
मेरे इस हश्र का, तेरे जिम्मे था दोष
जा आज तेरे दामन से, हर दाग मिटाया है

जा बरी करता हूँ तुझे आज
मेरे क़त्ल के इल्ज़ाम से
मगर याद रखना
खुद हारकर, तुझे जिताया है

तेरी ज़िंदगी क़र्ज़दार है,
मेरी वफ़ा की
दिल का टुकड़ा-टुकड़ा,
तेरे लिए दुआओं में बली चढ़ाया है

सोच

मेरी सोच को मेरे दिल से नफ़रत हो गई है
दिल तुम्हारे प्यार में फ़ना होना चाहता है
और सोच को ज़िंदगी से मोहब्बत हो गई है

दिल टूट के तुझे प्यार करता है
और सोच तुझे बेवफ़ा कहती है
दिल अंजाम की परवाह नहीं करता
और सोच अंजाम से डर गई है

दिल में सिर्फ तेरी तस्वीर है
और रहेगी हमेशा सिर्फ तस्वीर, सोच कहती है
दिल मेरा, तेरा हो चुका है
और सोच तुझे बेपरवाह कहती हैं

दिल को तेरे प्यार ने बांध लिया
और सोच उसे बेड़ियाँ कहती है
दिल तेरी मोहब्बत से जिंदा है
और सोच उसे बेजान कहती है

दिल तुझे ज़िंदगी कहता है
और सोच तुझे मौत कहती है
मैं इश्क बेपनाह करता हूँ तुझसे
दिल इसे आशिकी और सोच बदकिस्मती कहती है

वफ़ा

अगर वक़्त ना होता, ख़फ़ा हमसे
तो वो बेशक, हमसे वफ़ा करते
की होगी हमने ही, कोई ख़ता
वरना इस कदर, हम तन्हा ना होते

अगर किस्मत का ना होता, बैर हमसे
तो जिसे चाहते है हम, हमारे साथ वो होते
की होगी हमने ही, कोई ख़ता
वरना इस कदर, वो हमसे रूठे ना होते

अगर वो, प्यार निभाते हमसे
तो नसीब वाले, हम भी होते
की होगी हमने ही, कोई ख़ता
वरना इस तरह, वो बेवफ़ाई ना करते

अगर ख़ुदा को मंज़ूर ना होती, मोहब्बत हमारी
तो वो ये मिलन, होने ना देते
की होगी हमने ही, कोई ख़ता
वरना आज, ख़ुदा के ये सितम न होते

अगर उन्हें लगता, हम उनके लायक नहीं
तो इकरार-ए-मोहब्बत, वो ना करते
कि होगी हमने ही, कोई ख़ता
वरना आज, उनकी नज़रों में अनमोल होते

अगर उन्हें साथ ज़िंदगी भर, निभाना ना होता
तो हमारा हाथ अपने हाथों में, थाम ना लेते
की होगी हमने ही, कोई ख़ता
वरना अपना दामन वो, हमसे यूँ ना झाड़ लेते

अगर हमारे प्यार पे ना होता, यकीन उन्हें
तो इस कदर ख़ुद को, हमें सौंप ना देते
की होगी हमने ही, कोई ख़ता
वरना ज़िंदगी का तोहफ़ा वो हमें, दे देते

अगर हमें खोना, उन्हें मंज़ूर होता
तो टूटकर, हमसे चाहत ना करते
की होगी हमने ही, कोई ख़ता
वरना आज, वो हमें खोने से डरते

अगर मोहब्बत हमारी, कीमती ना होती उनके लिए
तो ख़ुद के इतना करीब, वो हमें होने ना देते
की होगी हमने ही, कोई ख़ता
वरना यूँ हमें मौत के लिए तड़पता, छोड़ ना देते

आज और कल

आज हम हैं, तो बीता लो वक्त हमारे साथ
कल एक-एक लम्हे को, तरसोगे
हमसे शिकवे ना करो, शिकायत ना करो
कल हमारी गलतियों की भी, कमी महसूस करोगे

आज जी लो ज़िंदगी खुलकर, कह दो हर जज़्बात
कल किस-किस से छुपाओगे, किसे बताओगे
आज खुल के हँस लो, हमारे साथ
कल किसके लिए मुस्कुराओगे

आज मौका है, दस्तूर है, बातें कर लो हमसे चार
कल हमारी आवाज़, सुनने को तरसोगे
आज तुम्हारे सामने है, छू लो हमें
कल हमारी परछाई को भी तरसोगे

आज हमें अपनाने से डरते हो, कतराते हो
कल हमसे दूर होकर, पछताओगे
आज हमें अपने इश्क की आग में जलाते हो
कल हमारी चिता में, अपने अरमानों को जलता देखोगे

आज हम है, तो बांट लो प्यार
कल हमसे रूठने को, तरसोगे
तुम्हें चाहने वाले तो कई मिलेंगे
पर फिर भी, इस दीवाने की आशिकी को तरसोगे

आज हम हैं, तो बीता लो वक्त हमारे साथ
कल एक-एक लम्हे को तरसोगे

मुझे तू तो अपना कहे

वो दिल कहाँ से लाऊं?
जो बेवफ़ा तुझे कहे
वो नज़र कहाँ से लाऊं?
जो किसी और को तुझ सा कहे

वो नफ़रत कहाँ से लाऊं?
जो वाजिब मुझे लगे
वो मोहब्बत कहाँ से लाऊं?
जिसे ज़िंदगी तू कहे

मैं उस दौर से गुज़रा हूँ गम के
कि दोज़ख दुनिया जिसे कहे
उस बेवफ़ाई के जाम को पिया है खुशी से
कि दुनिया ज़हर जिसे कहें

मैं बियाबान में बहार ले तो आऊं
पर कोई ऐसा भी मिले, जो फिर गुलशन उसे कहे
ज़िंदा रहा तेरी यादों में, मगर बेचैन
कि काश कोई, मुझे ज़िंदा तो कहे

बेशक आशिकी हद से गुज़रे
तो दीवानगी बन जाती है
मुझे चाहे दीवाना ही सही
मगर तू अपना तो कहे

दीवानगी का नशा बेवफ़ाई में बढ़ता है
सोना जिस तरह तप कर निखरता है
बेचैन रहा मैं तो इसीलिए
के तू सोने को कम से कम पीतल तो कहे

मेरी ज़रूरत, मेरी तमन्ना को
कोई और माने ना माने, तू तो प्यार कहे
इस प्यार को तू अपना तो कहे
मुझे तू अपना तो कहे

तू ही तो था

मैं, मैं ही था मगर
मुझमें मेरे जैसा, कुछ भी न था
मेरी शख़्सियत वही थी, मेरी आदतें वही थी
पर फिर भी, मुझमें मेरे जैसा, कुछ भी न था

एक तू ही तो था, जो भी था
जो भी था मुझ में मेरा, बस तू ही तो था

आलम मोहब्बत का
समां बेवफ़ाई का था
मगर मुझमें रहा शामिल, हमेशा प्यार तेरा
जैसे दीवानगी, या जैसे एक फितूर सा था

एक तू ही तो था, जो भी था
जो भी था मुझ में मेरा, बस तू ही तो था

तेरी नज़रों में ही खूबसूरत
तेरे दिल में ही, किसी काबिल था
मैं था तो बहुत नाचीज़ मगर
तेरी मोहब्बत से, बेशकीमती था

एक तू ही तो था, जिसे थी कीमत मेरी
आखिर जो भी था, बस तू ही तो था

कभी हुआ करती थी तू पशेमां
तो गुमसुम मैं भी हुआ करता था
उसी तरह मेरी नीलामी में
बेचैन शायद तू भी था

एक तू ही तो था, तमाम में मोहब्बत का कदरदान
तू बस मुस्कुरा भी देता, तो मुझे कोड़ियों में बिक जाना था

मगर कहाँ हुआ है मुझे हासिल
जो सोचा कभी भी मैंने था
होता वही आया है, जो तुझे या वक्त को मंज़ूर था
जो भी था, वफ़ा बस तेरी खातिर थी
ईमान जो भी था, बस तेरे लिए था

आखिर एक तू ही तो था जो भी था
जो भी था मुझ में, बस तू ही तो था

किसी मोड़ पर ज़िंदगी के फिर
टकराना था तेरी ज़िंदगी और मेरे जनाज़े को
के फिर झूठी तसल्ली ज़िंदा कर गई मुझे
शायद मेरे हिस्से में तेरी बेवफ़ाई
और तेरे हिस्से में मेरा प्यार और बाकी था

एक तू ही तो था जिससे प्यार किया
आखिर मेरे प्यार के काबिल, बस एक तू ही तो था

दूरी

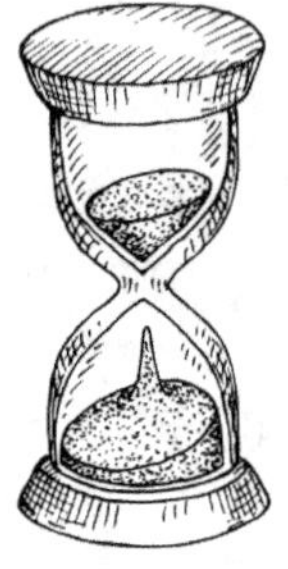

दिन ढल रहा, शब होने को है
अंधेरा फिर रोशनी निगलने को है
अब तो आजा ए सितमगर
तेरे इंतज़ार में, एक और दिन ढलने को है

मुद्दतों से तेरा हसीन चेहरा नहीं देखा
पर उम्मीद वीरान आंखों को, आज भी है
आजा देर हो जाए इससे पहले की अब
ज़ेहन से भी, तेरा अक्स मिटने को है

हम ना भूलेंगे, तेरी कजरारी आँखों को
हम ना भूलेंगे, तेरी दिलकश अदाओं को
पर और इम्तिहान मत ले, सब्र का ज़ालिम
मुद्दतें लग जाती हैं, किसी का सच्चा प्यार पाने को

जो हसीन लम्हे, गुज़ारे थे कभी हमने
उनके यादों की कड़ियां टूटने को है
जो रखा था ज़िंदगी की किताब में, गुलाब तेरे नाम का
मुरझा के अब उसकी पंखुड़ियों, बिखरने को है

बहुत इत्मीनान से किया तेरा इंतज़ार
कि तू हर एक को आज़माकर, मेरी ही बाँहों में आएगी
पर सब्र मेरा अब टूटने को है
जो काटी है ज़िंदगी तन्हा, वो अब मिट जाने को है

तेरी यादें जो हमेशा से हमदर्द रही
वो भी अब दगा करने लगी है
एक दीदार के लिए ही आ जा सितमगर
सांसें अब उखड़ने को है, मेरी तन्हा उम्र गुज़र जाने को है

तेरे नाम जो कर दी थी ज़िंदगी
वो वादा आज भी निभा रहा हूँ
तेरी बेवफ़ाई के आंसू,
आज भी बहा रहा हूँ

पर आजा, आज भी
मैं करूंगा कोई शिकवा नहीं
मुझे जो भी है मलाल,
आंसुओं में बहा रहा हूं

मेरी ज़िंदगी तेरे बगैर अब थमने को है
जनाज़ा मेरा सज चुका, बस अब मौत मेरी आने को हैं
अब तो आजा वफ़ा की खातिर सितमगर
तेरा आशिक इतिहास के पन्नों में खोने को है

साथ

ए मेरी ज़िंदगी, ए मेरी जान
तेरी महफ़िल, कभी ऐसी तो ना थी
हम जब तक थे साथ
तेरी तन्हाई भी, तन्हा ना थी

याद कर वो हसीन वक़्त
जब सहर तेरे सिरहाने, और शब तेरी बाहों में होती थी
तेरी ज़िंदगी तब, ऐसी तो ना थी
हम जब तक थे साथ
तेरी ज़िल्लत भरी बातें भी, मोहब्बत होती थी

जब जज़्बातों का, मोहब्बतों का दौर था
हर एक एहसास की, कीमत होती थी
तेरी बाते कभी इस कदर, अनसुनी तो ना थी
हम जब तक थे साथ
तेरी आँखों की भी, ज़ुबान होती थी

तेरी शिकायतों की भी, जब कदर होती थी
तेरे गिले-शिकवों की, सुनवाई होती थी
तेरी दुनिया इतनी, वीरान तो ना थी
हम जब तक थे साथ
तेरा रूठना भी, तेरी अदा होती थी
बाहों में सिसक-सिसक के रोते थे, कुछ पल

हाथों में हाथ लिए हँसते थे, कुछ पल
तेरी ज़िंदगी, इस तरह बेरंग तो ना थी
हम जब तक थे साथ
तेरी परछाई भी, रंगीन होती थी

कोई था, तेरा रखवाला, तेरा सजदा करने वाला
कोई था, तुझे खुद से बढ़के चाहने वाला
तेरी मुस्कान में यूं दर्द, और जिंदगी में कड़वाहट तो ना थी
हम जब तक थे साथ
तेरे आंसुओं में भी, मिठास होती थी

कोई था, तेरी अनकही बातों को सुनने वाला
कोई था, तेरे दिल को समझने वाला
तेरी ज़िंदगी में यूं, तन्हाई ना थी
हम जब तक थे साथ
तेरी ज़िंदगी में केवल जश्न, और महफ़िलें थी

तेरी हर आरज़ू, चाहने से पहले पूरी की जाती थी
अंधेरे का नामोनिशान ना था, रोशनी में तू जिया करती थी
यूं तेरी ज़िंदगी में वीरानियॉ ना थी
हम जब तक थे साथ
तेरी फरियाद भी तब, फरमान होती थी

सब कुछ तो था तेरे पास, आखिर किस बात की कमी थी
फिर क्यों कि यूं बेवफ़ाई, की मुझसे बड़ी सज़ा खुद भुगत
रही है
तुझे ज़िंदगी से, इस कदर नफ़रत तो ना थी
हम जब तक के साथ
बस तब तक ही, सही मायनों में तू जिया करती थी

बस तब तक ही, सही मायनों में तू जिया करती थी

गैर

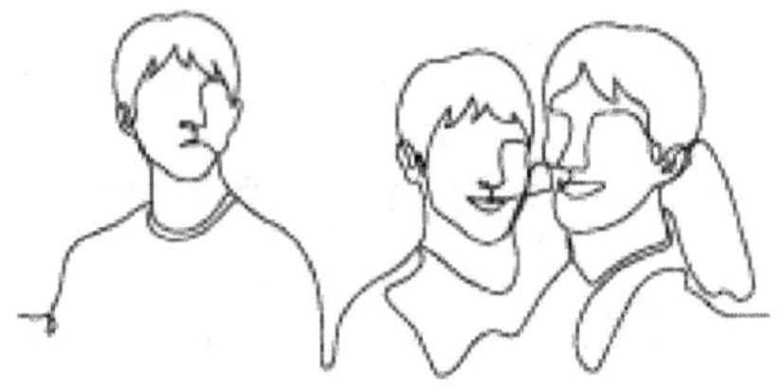

कांटे ही नहीं, फूल भी चुभने लगे
जब से तुम अपना, किसी गैर को कहने लगे
वो रातों के ख्वाब ही बेहतर थे
जागती आँखों ने जब देखा, हकीकत के आशियाने भी टूटने
लगे

वो कुछ मुलाकातों का नसीब ही, शायद काफ़ी था
समझे हम जब बातों के, सिलसिले टूटने लगे
वो उम्मीदों के खिलाफ़, उम्मीद ही काफ़ी थी
जाना जब अपने खिलाफ़ सब लगने लगे

यूँ तो मझधार में कश्ती क्या, माझी भी साथ नहीं देता
जाना जब अपने भी, डूबती कश्ती छोड़ने लगे
हमें लहरों पे शायद, कुछ ज़्यादा ही विश्वास था
तूफानों में मगर, सब नाजायज़ भरोसे टूटने लगे

खुशबू कलियों की काफ़ी थी
जाना जब इर्दगिर्द, काग़ज़ के फूल रहने लगे
हमें तो जीने को, तेरी यादों की महक ही काफ़ी थी
जाना तब जब यादों में खलल पड़ने लगे

तनहाइयाँ ही नहीं, महफिल के रंग भी तड़पाने लगे
रोशनी में जब अंधेरे, दिए तले नज़र आने लगे
वो चिंगारी इश्क की, हमारे दिलों में ही काफ़ी थी
सहम गए जब, ये दुनिया सारी जलाने लगे

तुम्हें भूलने की ख्वाहिश लेकर निकले घर से
मगर सफर के इम्तिहान, तुम्हारी याद दिलाने लगे
हर सवाल का जवाब था हमारे पास
मगर तुम्हें जिताने की खातिर, हम हारने लगे

जब कोई उम्मीद ना रही, तुम्हें पाने की
झूठी दिलासा दिल को देने लगे
वो तेरे ना मिल पाने की हकीकत ही एक सच है
जाना तब जब मिलने की झूठी तसल्ली को कोई और क्या,
हम भी झुठलाने लगे

मौत से मोहब्बत सी हो गई
मोहब्बत के अफसाने जब ज़िंदगी को ठुकराने लगे
वो तेरे प्यार में दिल लगाना ही काफ़ी था
जाना जब दिल लुटाने वाले हम, दिलजले कहलाने लगे

ये तेरा-मेरा रिश्ता कौन समझ पाएगा
जब शर्म से तुम ही, नज़रें झुकाने लगे
कहते थे मोहब्बत के आगे दुनिया झुका देंगे
उसी दुनिया से तुम, कतराने लगे

ये ज़िंदगी बोझ लगने लगी
जिस दिन से तुम किसी गैर के साथ जीने लगे
काँटे ही नहीं, फूल भी चुभने लगे
जब से तुम अपना किसी गैर को कहने लगे

रिश्ता

जान इस रिश्ते को, कोई नाम ना दे
मेरा दिल कहीं तुझको, फिर पुकार ना दे
ना आए ऐसी घड़ी इश्क में
के बदनाम हम मोहब्बत को, कर ना दे

डरता हूँ, इन्हीं सब बातों से
मेरी इस मजबूरी को, वादाखिलाफी का नाम ना दे
करता रहूंगा, मोहब्बत तुझसे बेपनाह
इसे तू दीवानगी कह ले, मगर बेवफ़ाई का नाम ना दे

क्या बुरा है अगर, बीत जाए ज़िंदगी इसी तरह
क्यों बुरा है अगर, करता जाऊं इबादत तेरी इसी तरह
काफ़ी है दोनों के दिलों में, मोहब्बत का दिया जलता रहे
क्या ज़रूरी है, हम इसे आग बना दे

तू मेरे बिना अधूरी है
मैं तेरे बिना अधूरा
अधूरे पन के एहसास की अब आदत सी हो चुकी है
क्या ज़रूरी है, कि खुदा को इस आदत के आगे झुका दे

तेरी मेरी मुलाकातों का, सिलसिला ना रहा
तेरी मेरी मोहब्बत का, ज़माना ना रहा
जानता हूँ मिट जाता है, मिटाने से हर बात का वजूद
पर क्या ज़रूरी है, यह बातों का सिलसिला हम टूट जाने दे

यूं ही सही, शामिल रहूं
तेरी खुशी में नहीं, मगर गम में साथी रहूं
मैं तुझे मांगता रहूं, हर दुआ में, ये हक बना रहे
चाहे बाकी हर हक मेरा, फ़ना तू कर दें

तू आकर, मेरी मोहब्बत की कदर कर
या ना आकर, इसे ठुकरा दें
बशर्ते यह जो दिल छोड़ा है अपना तेरे पास
इसे तोड़कर टुकड़ा-टुकड़ा कर दें

कोई धड़कन ना बचे, तेरा नाम लेने को
कोई सांस ना हो, तेरी ख्वाहिश करने को
कुछ इस कदर, मुझे भूल जा
कि कोई लम्हा तुझे, मेरी याद दिला ना दे

जिस अदा से मोहब्बत, घोली थी ज़िंदगी में
कुछ उसी अदा से मेरे जाम मे, ज़हर घोल दे
तुझे फिर तड़पाने वाली, किसी उम्मीद की, गुंजाइश ना रहे
कोई फिर तुझे आवाज़ ना दें

दे सबब बेवफाई का भले
मगर फिर से मुझे वफ़ा की उम्मीद ना दे
दे सके तो मेरे बीते हुए दिन लौटा दे
मुझे आने वाले कल के, झूठे वादे ना दे

मुझे भले दे, अमृत सच्ची बेवफ़ाई का
मगर झूठी वफ़ा का ज़हर ना दे
फिर से इस नादान दिल को
एक नया इंतज़ार ना दे

ऐसा तो कुछ नहीं

एक अहसास ही तो है, दिल में उसकी मोहब्बत का
जिसकी खातिर मैं, जिए जा रहा हूँ
वरना हकीकत कर सके बयान, इश्क हमारे दरमियान
ऐसा तो कुछ नहीं

एक उम्मीद ही तो है, आँखों को उसके दीदार की
जिसकी खातिर मैं, जिए जा रहा हूँ
वरना हो हकीकत में उसका आना
ऐसा तो कुछ नहीं

एक मन में ही तो है, रोशन दिया विश्वास का
जिसकी खातिर मैं, जिए जा रहा हूँ
वरना हकीकत में हो भरोसा
ऐसा तो कुछ नहीं

मेरी मोहब्बत ही कुछ ऐसी है, जो उसे खुदा बनाए बैठा हूँ
जिसकी खातिर मैं, जिए जा रहा हूँ
वरना तो हकीकत में, हो वह महज़ मेरा सनम भी
ऐसा तो कुछ नहीं

सांस लेना, दिल का धड़कना ही मुझे ज़िंदा कहलाता है
वरना हकीकत में तो मुझमें जान भी हो
ऐसा तो कुछ नहीं
ज़िंदगी जैसा, मेरी ज़िंदगी में कुछ नहीं

तन्मय

काश गम की, कोई दवा होती
या काश गम का, कोई मैखाना होता
वो तो खैर गम पीना, जानता हूँ मैं
वरना मेरे अश्कों का, अलग समंदर होता

काश नज़र डबडबाई आँखों से, धुंधली ना होती
या काश रास्ता ही, कुछ साफ़ होता
वो तो खैर सारे कांटे आगे चलकर, मैंने पैरों से चुन लिए
वरना इस सफर में भी मैं, अकेला ही होता

काश मेरे ख्वाबों की, कोई हकीकत होती
या काश खुशियों का, कोई श्मशान होता
वो तो खैर अरमानों को, ज़्यादा तवज्जो नहीं देता मैं
वरना हर गली में, मेरे अरमानों का ताजमहल होता

काश खुद, अपना नसीब लिख सकता मैं
या काश नसीब से, कुछ याराना होता
वो तो खैर जैसे भी हालात हों, जीने की आदत है मुझे
वरना कई बार, मेरा जनाज़ा सजा होता

काश जख्म खुद-ब-खुद, भर जाते दिल के
या काश दर्द को नज़र-अंदाज़ करना, आसान होता
वो तो खैर नुमाइश करता नहीं, मैं अपने ज़ख्मो की
वरना दर्द का दूसरा नाम, तन्मय होता

क्यों

खुदा को अगर हमें मिलाना ना था,
तो यह मुलाकात क्यों दी?
साथ जीवन भर का मंज़ूर ना था,
तो यह मोहब्बत क्यों दी?

दर्द देना था कांटों का,
तो मुझे फूलों की यूं चाहत क्यों दी?
अगर तोड़ना ही था सपनों को,
अरमानों को, तो मुझे यूं पाने की उम्मीद क्यों दी?

अगर मंज़िल से पहले ही रोकने थे कदम मेरे,
तो यह इश्क की राह क्यों दी?
अगर धड़कनों को मिटाना ही था,
तो दिल को तुम्हारी तस्वीर क्यों दी?

अगर कभी पूरी करनी ही ना थी,
तो मुझे यह ज़रूरत क्यों दी?
अगर तन्हा ही रखना था मुझे,
तो साथी की यूं हसरत क्यों दी?

अगर मिटानी ही थी एक दिन,
तो मुझे यह हस्ती क्यों दी?
अगर मझधार में डुबोनी ही थी,
तो मुझे यह कश्ती क्यों दी?

अगर लुट ही लेना थी एक दिन,
तो मुझे ये प्यार की दौलत क्यों दी?
अगर एक दिन फ़ना करना ही था मोहब्बत में,
तो फिर मुझे यह ज़िंदगी क्यों दी?

मैखाना

मैखाने का जादू, समझ नहीं आता
हर रात बस, खिंचा चला जाता हूँ
जानता हूँ, इससे मुश्किलें कम नहीं होने वाली,
ज़िंदगी बेहतर नहीं होने वाली
पर पीके ज़िंदा महसूस करने के लिए चला जाता हूँ

सोचता तो हूँ, एक ही जाम पियूँगा
पर मैखाने का जादू ही कुछ ऐसा है
बस पिये चला जाता हूँ
एक जाम से वैसे भी क्या होगा मेरा
इससे ज्यादा आंसू तो, मैं खुशी में बहा देता हूँ

बहकने के लिए कौन कमबख़्त पीता है
मैं तो होश में आ जाऊं, ये सोच के पीता हूँ
सुना है ज़हर ही ज़हर को काटता है
बस यही सोच के, मैं गम में शराब मिला देता हूँ

मैं यह नहीं कहता कि पीना जायज़ है
पर सोचता हूँ, इसमें गलत भी क्या है
इसी ग़लतफ़हमी में मैं
दिन के कमाए पुण्य, रातों में लुटा देता हूँ
या सोचता हूँ
दिन के झूठे मुखौटे, रातों में उतार देता हूँ

ये कशमकश बस यूं ही बनी रहती है
इसी सवाल का जवाब ढूंढने, मैं मैखाने चला जाता हूँ
दिन भर तो वक्त कहाँ मिलता है,
किसी से मिलने-मिलाने का
बस रात को इसी बहाने, कम से कम,
खुद ही से मिल लेता हूँ

रात का सुरूर
कमबख़्त दिन में उतर ही जाता है
इसलिए मजबूर हूँ
हर रात मैखाने चला जाता हूँ
मैखाने का जादू समझ नहीं आता
हर रात बस खिंचा चला जाता हूँ

चाँद

घिर आई फिर रात अंधेरी
आई वही पहर
तन्हा बैठा मैं धरती पर
और इंतज़ार करता चाँद, कि कब होगी सहर

दो पल बातें कर लूं फिर चाँद से
अगर ना हो सितारों का पहरा
अक्स उसमें देख लूं अपने यार का
अगर अँधेरा, और हो गहरा

चमकेगा फिर बस चाँद गगन में
ना होगा कोई और ज़ेहन में
कुछ तन्हाई कम होगी मेरी
कुछ पलकें फिर नम होगी मेरी

वो चाँद ही तो है,
मेरी इन खामोश रातों में सहारा
वो ही तो है इस जहाँ में सारे,
मोहब्बत को समझने वाला

हम दोनों के इस रिश्ते को कोई नाम न दो,
कुछ रिश्ते नाम देने से कमज़ोर हो जाते हैं
देना है तो एक दुआ दो,
दुआ के आगे, नामुमकिन भी मुकम्मल हो जाते हैं

अगर समझ न पाया ज़माना, ये रिश्ता हमारा
तो क्या होगा?
मुझे दीवाना कहेंगे लोग
और चाँद पर एक और दाग होगा

चाँद के ये दाग कुछ और नहीं है
ये तो मोहब्बत करने वालों की निशानियाँ है
किसी के टूटे दिल के ज़ख्म
किसी की बेवफ़ाइयाँ हैं

मैं

अंधेरो मे ओझल हुआ,
रोशनी से मैं, मिल जाऊं कहीं

चेहरा भीड़ में खो दिया,
अपनी पहचान से मैं, मिल जाऊं कहीं

एक दर्द की पुकार हूँ मैं,
आवाज़ से मैं, मिल जाऊं कहीं

एक लावारिस आग़ाज़ हूँ मैं,
अंजाम से मैं, मिल जाऊं कहीं

धड़कन थमी है जिसके बगैर,
उस दिल से मैं, मिल जाऊं कहीं

भूला था जो, छुटा था जो,
उस दर से मैं, मिल जाऊं कहीं

एक टूटा हुआ तारा हूँ मैं,
किसी मुराद से मैं, मिल जाऊं कहीं

एक सुना सा बचपन हूँ मैं,
माँ के आंचल से मैं, मिल जाऊं कहीं

एक सफर हूँ, हूँ एक रास्ता,
मंज़िल से मैं, मिल जाऊं कहीं

एक छलकता हुआ आंसू हूँ मैं,
आँखों से मैं, मिल जाऊं कहीं

खुद ही की अब जो तलाश है,
अपने वजूद से मैं, मिल जाऊं कहीं

यहाँ

गौर से देखो, धुआं उठ रहा है यहाँ
कोई दिया नहीं, दिल जल रहा है यहाँ
एक अनजाना सा, तूफान है कोई
मेरा आशियाना, बिखर रहा है यहाँ

साहिल पे मेरा इंतज़ार है
पर मझधार में गोते खाती, कश्ती मेरी यहाँ
है कहीं कोई मेरी भी, मुकम्मल मज़िल
पर कांटों की राह पे, लड़खड़ाती ज़िंदगी मेरी यहाँ

प्यार से ही ज़िंदगी मेरी, जान मेरी
पर प्यार को लग गई नज़र, खुद मेरे यार की यहाँ
इश्क मेरा सब कुछ, खुदा मेरा
पर ना जाने क्यों, ज़हर में तब्दील अब मोहब्बत मेरी यहाँ

एक सपना, खूबसूरत दुनिया तेरे संग बसाऊँ
पर उन्हें बहाता मैं, तेरे दिए आंसुओं में यहाँ
साथ तेरे जीना है, हर पल मुझे
पर बिखर चुके आशियाने तले, दबे सपने मेरे यहाँ

खुशियों की उम्मीद, सिर्फ़ थी तुझसे
पर अभी तो, उनका जनाज़ा ढाता मैं यहाँ
खुदा की रहमतों में तो कमी नहीं
पर खुद तेरी बेवफ़ाई को, खुदाई बनाता मैं यहाँ

चमन में किस्मत के, फूलों की कमी नहीं थी
पर खुद कांटों को चुनता, अपने लिए मैं यहाँ
ख़ज़ाने में मेरी बची है, चंद सांसे, चंद धड़कने
पर उन्हें भी तुझ पर लुटाता, दरियादिल आशिक मैं यहाँ

मेरी वफ़ा पाक है, हर हाल में तेरा साथ है
पर नज़र ना लग जाए दुनिया की,
इसलिए खुद उसे चिलमन में ढकता मैं यहाँ
रोशनी मेरे मुकद्दर में बहुत हैं
पर खुद सायों के पीछे दौड़ता मैं यहाँ

मौसम बदलते रहे रंग अपना
पर ना जाने क्यों, पतझड़ मिला मुझे सदा यहाँ
ना सावन के झूले, ना बारिश की बूंदें
मुझ पे तो गिरे पल-पल बिजलियाँ यहाँ

ना महफ़िलों कि रौनक,
ना दुनिया का शोर
मैं सुनता सदा
सन्नाटों की गूंज यहाँ

हाथों की लकीरों में लिखी थी,
लंबी ज़िंदगी मेरी
पर उन्हें खुद मिटाना,
मजबूरी मेरी यहाँ

वफा मेरे दामन से रूठी नहीं
पर साथ बेवफ़ाई का खुद निभाता मैं यहाँ
किस्सा बेवफ़ाई का गाता गुनगुनाता मैं यहाँ
मौत से पहले जी रहा मैं, तेरी रहमतों तलक यहाँ

यादें

फिर हुए आज तन्हा, तो तुम्हारी याद आई
फिर हुए आज रुसवा, तो तुम्हारी याद आई
ना जाने ये कैसा, रंगों मिज़ाज है यादों का
हँसे खुलकर, जब तुम्हारी याद आई
मुस्कराए बिन वजह, जब तुम्हारी याद आई

फिर आए महफ़िल-ए-यार के मैखाने में,
तो तुम्हारी याद आई
के फिर उठाया जाम-ए-गम, तो तुम्हारी याद आई
ना जाने ये कैसा रिश्ता है, वफ़ा-ए-बेवफ़ाई का
संभले आज खुद ही, जब तुम्हारी याद आई
तोड़ दिया पैमाना लब छूने से पहले, जब तुम्हारी याद आई

फिर ठोकर खाई राह-ए-सफर पे, तो तुम्हारी याद आई
फिर ठहरे कदम तुम्हारे दर पर, तो तुम्हारी याद आई
न जाने यह कैसा प्यार है, नावाक़िफ़ दिल-ए-मुर्दा से
के मरहम-ए-खुशी तुम्हारी लगा के चल दिए,
जब तुम्हारी याद आई
आँखें बंद करके बढ़ चले, जब तुम्हारी याद आई

भुलाना चाहा तुम्हे, तो तुम्हारी याद आई
मिटाना चाही तुम्हारी हर निशानी, तो तुम्हारी याद आई
ना जाने ये कैसी, याद-ए-ज़ेहन है
घुल गई सांसों में तुम्हारी खुशबू, जब तुम्हारी याद आई
बन गई तस्वीर आँखों में, जब तुम्हारी याद आई

ज़िंदगी से हार गया, तो तुम्हारी याद आई
मौत के आगे झुक गया, तो तुम्हारी याद आई
ना जाने ये कैसी, कशिश-ए-जुदाई है
न जाने ये कैसा, जुनून-ए-दर्द है
कि ज़िंदगी फिर हसीन लगने लगी, जब तुम्हारी याद आई
तुम्हारी यादों में तड़पना, जन्नत के सुकून से बेहतर लगा,
जब तुम्हारी याद आई

तेरी याद

तेरी याद में आज भी, महफ़िल सजा करती है
तेरी याद में आज भी, लबों पर मुस्कान सजा करती है
तू ना जाने कहाँ है, कैसी है
पर आज भी, तेरे सजदे में दुआएं पढ़ी जाती है

तेरी याद में, ताजमहल तो ना बनवा सका मैं
पर हर शब, मोहब्बत मकबरों में दफ़नाई जाती है
हर सुबह, मोहब्बत दीवारों में चुनवाई जाती है
तेरी याद में आज भी, कसीदे पढ़ी जाती है

थम गई हो भले, ज़िंदगी तेरे बाद
पर तेरी याद में आज भी, वो ज़िंदगी दोहराई जाती है
तेरी याद में आज भी, आँखों की नमी छुपाई जाती है
तेरी याद में आज भी, दर्द को खुशी मिल जाती है

तेरे बाद, किसी और का नहीं हुआ मैं
क्योंकि तू नहीं तो क्या हुआ, हर कसम उसी शिद्दत से
निभाई जाती है
ये वफा का तक़ाज़ा है, और कुछ मेरा दीवानापन
की तेरी मोहब्बत आज भी, फ़र्ज़ की तरह निभाई जाती है

तेरी याद में आज भी, हर निशानी प्यार से सहेजी जाती है
तेरी हर निशानी में आज भी, तेरी मदहोश महक आती है
तेरे ना होने का आज भी, विश्वास नहीं होता इस दिल को
इसमें भी तेरी, कोई शरारत नज़र आती है

तेरी आदत ही कुछ ऐसी है, मुझ कमबख़्त को
के हर ज़िक्र में बस बात तेरी आती है
तेरी कमी आज भी, कुछ ऐसी खलती है दिल को
कि बस दर्द उठे तेरा, और ग़ज़ल बन जाती है

मेरी परवाह ना करना
मेरा साथ देने को, हर पल तन्हाई रहती है
बात करने को, तेरी याद हमेशा होती है
तुझसे कोई गिला नहीं, शिकवा नहीं
बस जीने की जो कसम दे गयी थी तू,
उसी की शिकायत रहती है

नसीब

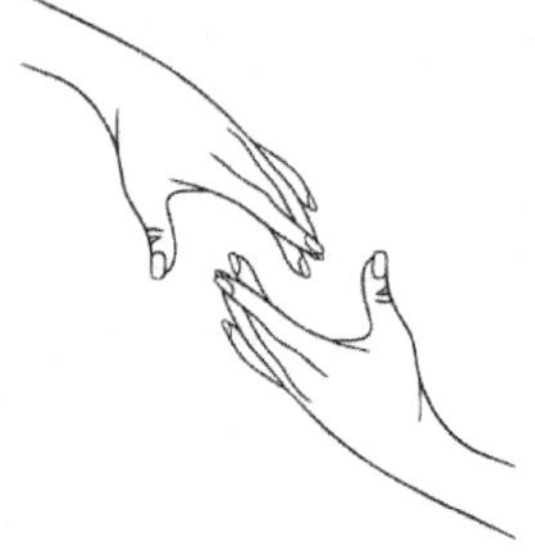

झूठे नसीबा हैं तो
सब ये वहम भी टूट जाने दे
छूटे हैं हाथ तो
ये धागे दिलों के भी टूट जाने दे

लूटा है ग़ैरों ने, मुझे सौ दफ़ा
तेरी खातिर मुझे, खुद ही लुट जाने दे
बीता जो वक़्त, उसे दामन में ना बाँध
मिटता हूँ यादों से, तो मिट जाने दे

यादों के खंडहरों में, क्या रखा है
अपने आशियाने में तू, खुद को सजा लें
जो ना मिला, उसे अब भूल भी जा
पाया था मुझको, पर अब खो जाने दे

माना दिल टूटा है, तेरा भी बहुत
अब के सावन मगर, अरमान इसमें नया खिल जाने दे
वो जो संवारना चाहता है तुझे
उससे अपनी ज़िंदगी, तू संवर जाने दे

कोई है, जो तेरी मोहब्बत में तड़पता है
इस बात को यहीं दफ़्न हो जाने दे
ज़िंदगी में अब जो नहीं हूँ तेरी
यादों से भी, निकल जाने दें

खुद को मेरी मोहब्बत में, तड़पा ना तू
दिल के परिंदे को, इस पिंजरे से छूट जाने दे
ज़हर है प्यार अपना, हमारे लिए
इस जाम को मुझे ही पी लेने दे

तू हो जा बरी, इस अधूरी कहानी से अब
रिश्तों में तेरे, नई कलियाँ खिल जाने दे
विश्वास कर, मैं बहुत हिफ़ाज़त से रखूँगा हर निशानी तेरी
तेरी अधूरी हसरतें, आंसुओं के कतरे, और ग़म
मेरे नाम हो जाने दें

मेरी हर दुआ, तेरी खुशी मांगती हैं
तुझे मेरी दुआओं का वास्ता, इन्हें असर कर जाने दे
मत दोहरा, मेरी यादें ज़ेहन में
दिल से अपने, मुझे निकल जाने दें

नकाब

मेरा तो चेहरा ही नकाब है
दिल में गम, मगर होंठों पे मुसकान है
अंदर कई चोटें
चेहरा मगर बेनिशान है
मेरा तो चेहरा ही नकाब है

ज़ाहिर है दिल को, सब साज़िशें दुनिया की
चेहरा मगर जैसे अनजान है
ज़ाहिर है दिल को, हर ज़हर का प्याला
चेहरा मगर जैसे बेशिकन है
मेरा तो चेहरा ही नकाब है

दिल में बियाबान
चेहरा मगर गुलशन है
दिल में है, घाव कई धोखों के
चेहरा मगर गुलफाम है
मेरा तो चेहरा ही नकाब है

दिल में कई उलझने
चेहरे पर मगर इत्मीनान है
दिल में कई बवंडर
चेहरे पर मगर समाधान है
मेरा तो चेहरा ही नकाब है

ज़िक्र

उसके जाने के बाद
कुछ दिन यूं सिलसिला रहा
आँखों में आंसू
और ज़ुबान पर उसका ज़िक्र रहा

फिर कुछ यूं हुआ
ठीक से कुछ पता नहीं
धीरे-धीरे आंसू सूख गए
या फिर हम उसका ज़िक्र करना भूल गए

फिर एक दौर था
रह-रह कर दर्द उठता था
कभी किसी की खुशी में, तो कभी किसी के गम में
और कभी-कभी हुए उसके ज़िक्र में

फिर कुछ यूं हुआ
ठीक से कुछ पता नहीं
धीरे-धीरे दर्द का अहसास मिटता गया
या फिर हम दर्द सहना सीख गए

फिर एक आलम ये है
नासूर की तरह ज़ख़्म दिल में है
ना भुला सकने वाली यादों का
ना दोहराई जा सकने वाली मोहब्बत का

और आज भी कुछ यूं होता है
ठीक से कुछ पता नहीं
ना दर्द होता है, ना ज़िक्र होता है
फिर भी ना जाने क्यों, एक मलाल होता है

अब इंतज़ार है, तो उस दौर का
जहाँ कोई निशान बाकी ना रहे
ना दर्द का, ना गम का
ना किसी उम्मीद का, ना किसी मलाल का

और ये कैसे हो पायेगा
ठीक से कुछ पता नहीं
पर उसकी आखिरी याद कुछ ऐसे दोहराऊँ कि
वो लम्हा मुस्कान बन के हमेशा लबों पर थम जाए
या फिर
मुसकुराना क्या है, हम भूल जाएँ

दास्तान-ए-मोहब्बत

अजीब दास्तान-ए-मोहब्बत है मेरी
कांटों से भरी, फूलों को तरसती, ज़िंदगी है मेरी

आग़ाज़ से अंत तक,
खुशी तलाशती, कहानी है मेरी

अंधेरों में गुम, परछाइयों में कैद
न जाने कैसी ये, किस्मत है मेरी

तुझसे इश्क हुआ, इसे किस्मत कहूं या तबाही मेरी
पा न सकूंगा तुझे, मुकद्दर की गुलामी मजबूरी है मेरी

बढ़ के छू लूं, थाम लूं, दामन तेरा
पर हर आरज़ू, बेड़ियों में जकड़ी हैं मेरी

मोहब्बत की राह पर, हर कदम तड़पती जान है मेरी
मंज़िल की मोहताज, बेबस इश्क की डगर है मेरी

चंद सांसों की ज़रूरत, चंद धड़कनों की चाहत
वफ़ा के बदले वफ़ा को, तरसती मोहब्बत है मेरी

सपनों को हकीकत में ढालना, कौन नहीं चाहता
पर खुद ही अपने अरमानों का क़त्ल करना, मजबूरी है मेरी

चाहता हूँ चीख-चीख के दुनिया को जता दूँ, चाहत मेरी
पर खामोशी से दर्द सहना ही, बेबसी है मेरी

पाक-पवित्र उजली कमल के फूल सी
पर गौर से देखो तो दलदल में घुटती, चाहत है मेरी

पूजा है, भक्ति है, साधना है फिर भी,
अपना खुदा पाने को तरसती, मोहब्बत है मेरी

चाहे फ़ना ही हो जाऊं,
पर चाहना तुझे दिलोजान से, फितरत है मेरी

मोहब्बत का अमृत जुदाई में ज़हर बन गया, उतरा रगो में
मेरी
जानता हूँ मजबूरी है तेरी, ये जहर घोलना ज़िंदगी में मेरी

पर अब तो एक ही तरीका है, इस दर्द से निजात पाने का
जला के जिस्म को, दिल की आग बुझा लूं मेरी

पर जानता हूँ, तू मेरी थी, तू मेरी है और हमेशा रहेगी
यही कहेगी राख भी मेरी

तुझसे मिलने को तरसेगी, फिर रूह भी मेरी
फिर वही, तड़पती-तरसती अजीब दास्ताँ रहेगी मेरी

अजीब दास्तान-ए-मोहब्बत है मेरी
अजीब दास्तान-ए-मोहब्बत ही रहेगी मेरी

फैसला

आज मैंने ये फैसला कर लिया
सहेजकर मीठी यादों को
गम से किनारा कर लिया

क्योंकि गम के रहते खुशी ना मिलेगी
आखिर मैं भी इंसान हूँ
ज़हर पी के ज़िंदगी कैसे मिलेगी

कुछ बातें इंसान भूल जाता है
और कुछ भुलानी पड़ती है
इस सच को मैंने मान लिया, दर्द अपना भुला दिया

क्योंकि दर्द के रहते सुकून कैसे मिलेगा
आखिर ज़िंदगी एक भंवर है
कश्ती में छेद हो, तो किनारा कैसे मिलेगा

ज़िंदगी और मौत के दरमियाँ
एक कहानी बुननी है
तो मैंने अपनी कहानी में, बस खुशी को चुना

क्योंकि अगर कहानी गमगीन हुई, तो ज़िंदगी की हार होगी
आखिर ज़िंदगी एक सफर है
राहे ही गलत चुनी, तो मंज़िल कैसे मिलेंगी

अतीत को भुला के, आगे बढ़ना पड़ता है
ज़िंदगी को जीना पड़ता है
तो मैंने भी अतीत से, पर्दा कर लिया

क्योंकि बीते कल में ही उलझ रहा, तो आने वाला कल कैसे
मिलेगा
आखिर मुझे भी खुद की तलाश है
भीड़ में ही चलता रहा तो वजूद कैसे मिलेगा

जीने के कई बार मकसद और अन्दाज़ बदलने पड़ते हैं
तो मैंने भी ख़ुदगर्ज़ बनकर
अपनी खुशी का ज़रिया खुद में बना लिया

क्योंकि इस दुनिया में इससे बेहतर खुशी कहाँ मिलेगी
आखिर मैं भी दुनिया का हिस्सा हूँ
अब भी जीना ना सीखा, तो ज़िंदगी कैसे मिलेगी

शायरी

आज मन है, शायरी लिखना चाहता हूँ
पर ज़ेहन में एहसास, टटोल नहीं पा रहा

खुशी लिखूं? गम लिखूं?
या बस लिख दूँ कुछ, जो मैं कह नहीं पा रहा
मर्ज़ दिल का लिखूं? या मरहम-ए-दिल लिखूं?
दीवानगी लिखूं या बेवफ़ाई लिख दूँ?
मर्म समझ नहीं आ रहा

आज बस मन है, शायरी लिखना चाहता हूँ
पर ज़ेहन में एहसास, टटोल नहीं पा रहा

कुछ पुराना, अलग अंदाज़ में बयां कर दूँ
या कुछ नया, पुराने अंदाज़ में लिख दूँ
क्योंकि दोनों ही पुराने होंगे, तो लिखने में नशा नहीं आएगा
और दोनों ही नए हुए, तो पुराने का मज़ा कहां रहेगा
इस पसोपेश का हल समझ नहीं आ रहा

आज बस मन है, शायरी लिखना चाहता हूँ
पर ज़ेहन में एहसास, टटोल नहीं पा रहा

कुछ ऐसा लिखूं, जो पढ़ के सुकून दे
या ऐसा लिखूं, जो लिखने में सुकून दे
कुछ ऐसा लिखूं, जिससे पढ़ने वाले की वाहवाही मिले
या ऐसा कुछ लिखूं, के लिखने से गर्व मिले
मकसद लिखने का समझ नहीं पा रहा

आज बस मन है, शायरी लिखना चाहता हूँ
पर ज़ेहन में एहसास, टटोल नहीं पा रहा

सोचता हूँ, अनकहे लफ़्ज़ों, अनछुए एहसासों
और अनसोची कल्पनाओं को पिरोकर हर्फ़ों में डाल दूँ
बिना कुछ सोचे- समझे,
कलम को काग़ज़ पर उतार दूँ

हो सकता है, कोई जज़्बात कैद हो,
किसी कोने में दिल के
शायद जो मैं सुन नहीं पा रहा
दिल कलम से, और कलम काग़ज़ से कह दें

तलाश

समन्दर किनारे रेत पर, ढूंढ रहा था
हमारे पैरों के निशान
जो डूबते सूरज को देखते हुए,
कई बार बन गए थे

ढूंढ रहा था, वह रेत के मकान
जो हमने, घर कहकर बनाये थे
लहरों में ढूंढा, तेरे पैरों से उड़ाये छींटों को
और मोती के लिए तोड़ी गई, सीपियों को

बाग में ढूंढा, वो पौधा
जिसका फूल हर शाम तेरे बालों में सजा करता था
और वो कोयल का घोंसला
जो तूने तिनके चुनकर बुना था

सर्द रातों में,
तेरी गर्म साँसों को ढूंढा
तपती दोपहर में,
तेरे केसुओं की छांव को ढूंढा

ढूंढा, उन सवालों के जवाबों को
जो तू बिन दिए, चली गयी थी
ढूंढा उन कसमों का, वादों का हिसाब
जिन्हें तू, तोड़कर चली गयी थी

इन सब में से,
मिला तो कुछ नहीं
बस यादें फिर ताज़ा हो गईं,
और ज़ख़्म, और भी गहरे

पर इस बार बहुत सहेज कर
इन यादों को घर ले आया हूँ
कि जब कभी तू मिलेंगी
तो कोशिश करूँगा तुझे भी याद दिलाने की

कि कैसे हाथों में हाथ लिए
एक-एक लम्हे में पूरी ज़िंदगी को, जी लिया था
की कैसे रखकर पैर ज़मीन पर
आसमान छू लिया था

आज भी तेरे लिखे खत हर रोज़ पढ़ता हूँ
उन पर तेरे लिखे लफ़्ज़ों की स्याही तो उड़ गई
पर होठों की लाली अब भी बाकी है
तेरे रूमाल में जिस तरह, तेरी खुशबू बाकी है

सहेज रखा है तुझसे जुड़ी
हर खुशी, हर दर्द को, कुछ इस तरह
जैसे रखा हो किताब में कागज़ का फूल
गुलाब की तरह

आँखों की कोर में आज भी
तेरे ना होने के आंसू बाकी हैं
दिल में तेरे साथ जीने के
जिस तरह अरमान बाकी हैं

तू जिस दिन चली गयी थी, ठुकराकर मुझे
उसी दिन समेट ली थी, मैंने अपनी दुनिया बिखरते ही
ताकि जिस दिन तू लौट के आए, बसा लूं इसे फिर उसी तरह
खिलता है सूरज हर रोज़, नई उम्मीद लिए जिस तरह

बेटी

एक दर से कदम उठा, राजकुमारी का
एक दर के भीतर, दासी का प्रवेश हो गया
मायके से ससुराल का सफर
कितना छोटा, मगर कितना कठिन हो गया

क्या सोच के चली थी वो
क्या से क्या हो गया
बेटी बनकर निकली सफर पे
मुकाम उसका बहू हो गया

न्योछावर थे जिसपर, माँ-बाप, भाई-बहन
जीवन उसका सास-ससुर, ननद-जेठानी हो गया
सोच के निकली थी घर एक और जोड़ना
जो हुआ करता था अपना, वो भी भैया-भाभी हो गया

लड़की का सफर है,
मुश्किल कैसे ना हो
दोस्त हो ना हो,
दुश्मन कैसे ना हो

उपनाम बदलना होगा, जानती थी वो
किसी ने नाम तक बदल दिया
पहचान भुला के चली थी वो
किसी ने उसका अस्तित्व ही भुला दिया

दहलीज़ जो छोड़ी घर की
माँ-बाप ने ज़िम्मा छोड़ दिया
पति से उम्मीद ही रह गयी
सास-ससुर के ज़िम्मे छोड़ दिया
बेटी निकली घर से
ससुराल ने बहू को अपना लिया

एक नाम लेकर जन्म लिया
दूजा अपनाकर जन्म भर चली
बस यही नहीं
कोख के जनमे को भी, किसी और के नाम से पुकारने लगी

उसके निस्वार्थ बर्ताव की क्या बात करना
जो खुद का सब कुछ न्योछावर करके चली
पहचान अपनी भुला के,
खानदान किसी का बढ़ाने चली

बेटी निकली एक दर से
दूसरे घर में बहू ही दाखिल हुई
निकली थी जिस ख्वामखा डर से
हर बात दरअसल सच साबित हुई

www.ingramcontent.com/pod-product-compliance
Lightning Source LLC
La Vergne TN
LVHW011021200726
843509LV00011B/1175